knight
el caballero

broom
la escoba

shark
el tiburón

cat
el gato

mermaid
la sirena

bear
el oso

castle
el castillo

**turtle
la tortuga**

books
los libros

angel
el ángel

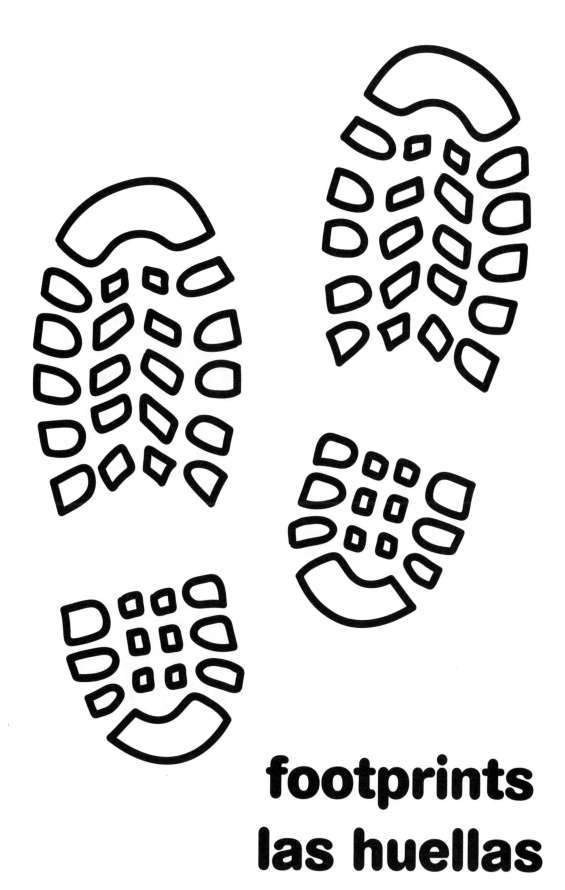

footprints

las huellas

girl
la muchacha

boy
el muchacho

unicorn
el unicerno

doll
la muñeca

drum
el tambor

house
la casa

ice skates
los patines de hielo

ice-skater
la patinadora sobre hielo

sweater
el suéter

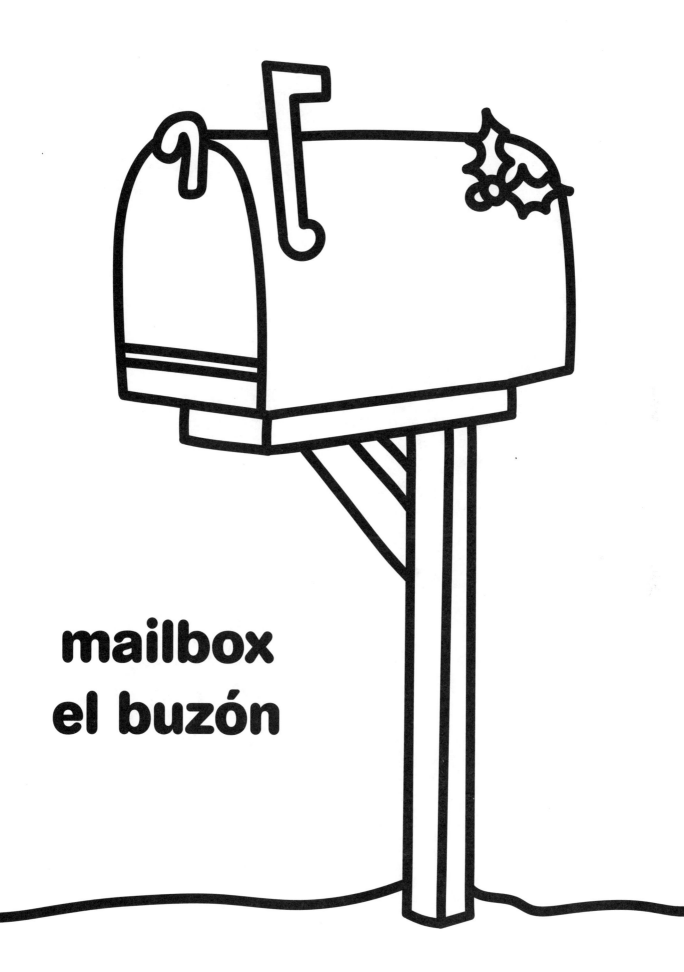

mailbox
el buzón

mittens
la manoplas

nutcracker
el cascanueces

paint
la pintura

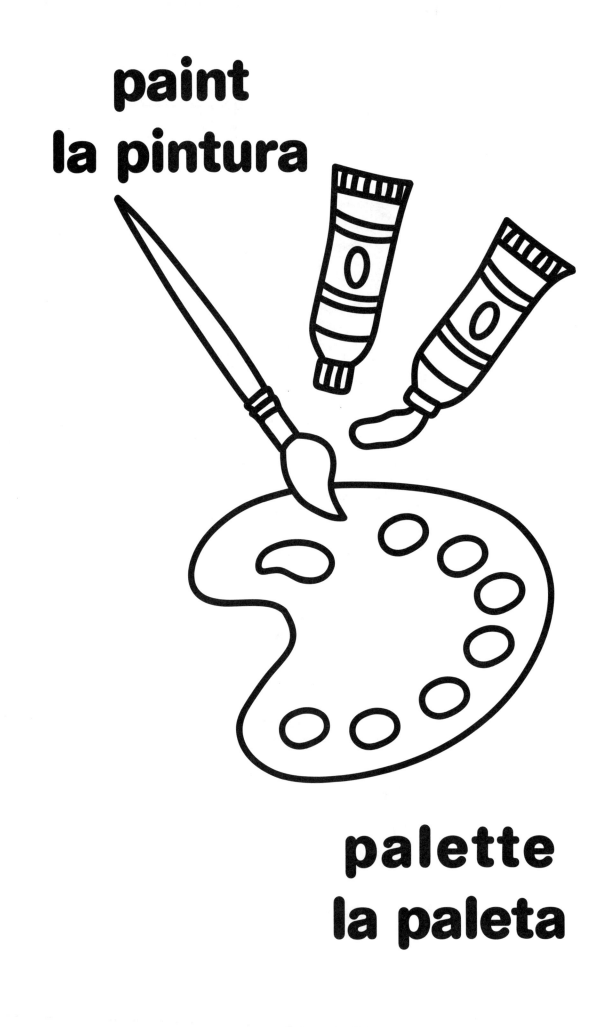

palette
la paleta

popcorn
el maíz reventador

gifts
los regalos

robot
el robot

ski
esquiar

skis
los esquís

snowboard
hacer snowboard

**snowflake
el copo de nieve**

snowflakes
los copos de nieve

spinning top
el trompo

blocks
los bloques

train
el tren

fossil
el fósil

eggs
los huevos

mushrooms
las setas

**palm tree
la palmera**

**volcano
el volcán**

clock
el reloj

cake
la torta

crowns

las coronas

candy
los caramelos

cup
la taza

cupcakes
los pastelitos

doughnut
la rosquilla

ice skate
el patín de hielo

dress
el vestido

ball gown
el vestido de noche

gift
el regalo

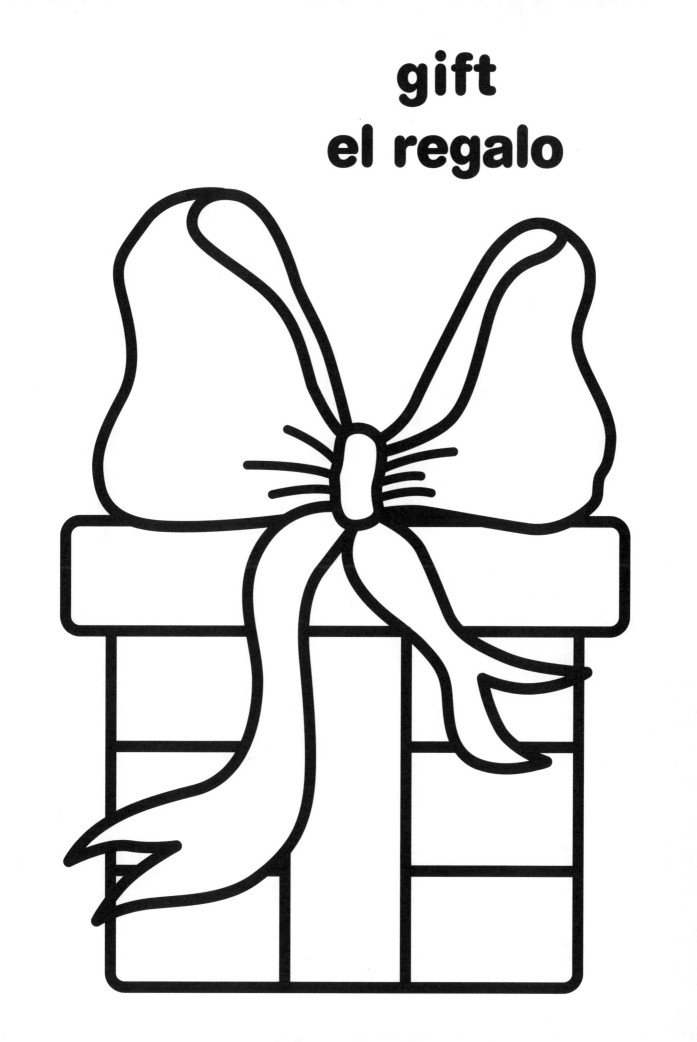

hat
el sombrero

hot dog
el hot dog

heart
el corazón

hearts
los corazones

king
el rey

queen
la reina

knight
el/la caballero

mirror
el espejo

necklace
el collar

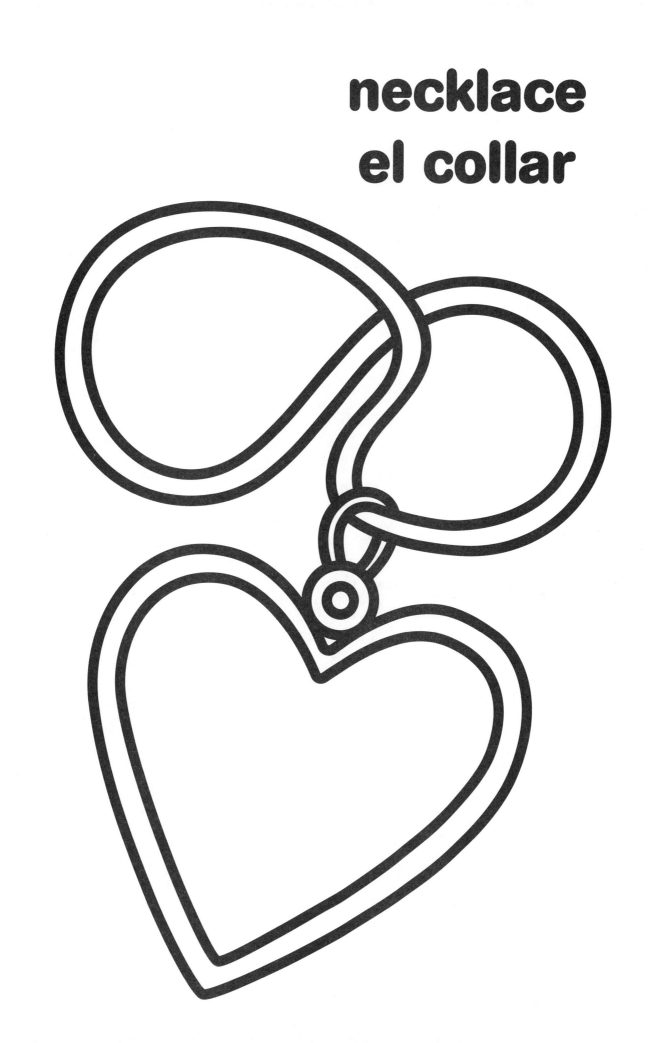

day
el día

night
la noche

perfumes
los perfumes

clam
la almeja

pumpkin
la calabaza

ring
el anillo

**Earth
la Tierra**

tea
el té

teapot
la tetera

alien
el extraterrestre

globe
el globo

monster
el monstruo

monsters
los monstruos

moon
la luna

planet
el planeta

planets
los planetas

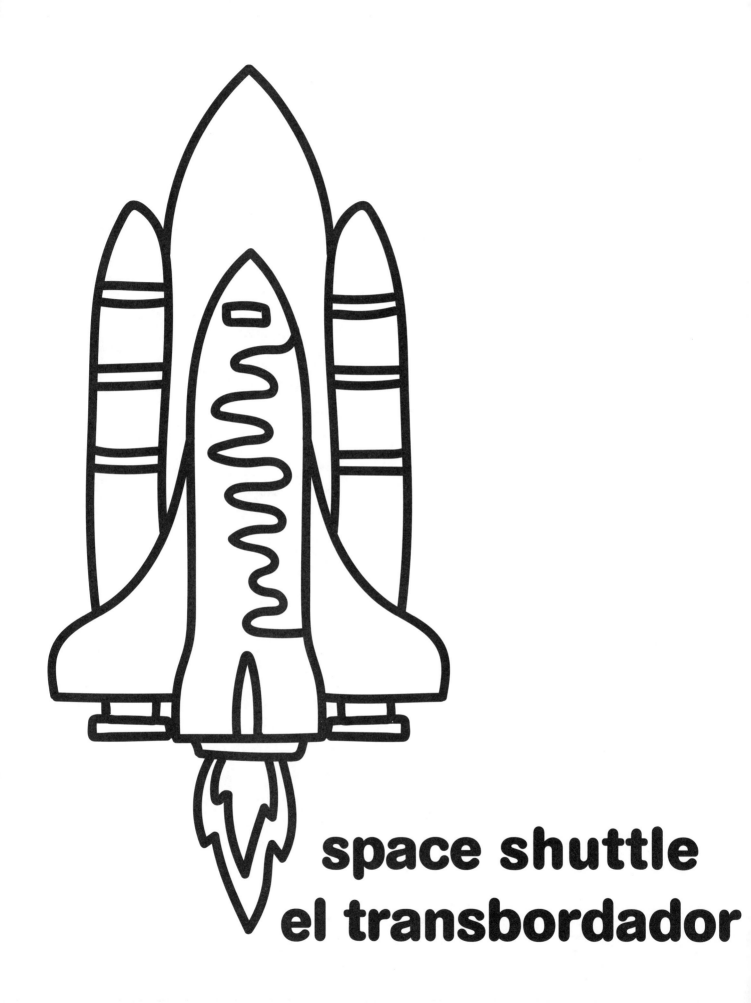

space shuttle
el transbordador

rocket ship
el cohete espacial

rockets

los cohetes

blast off
despegar

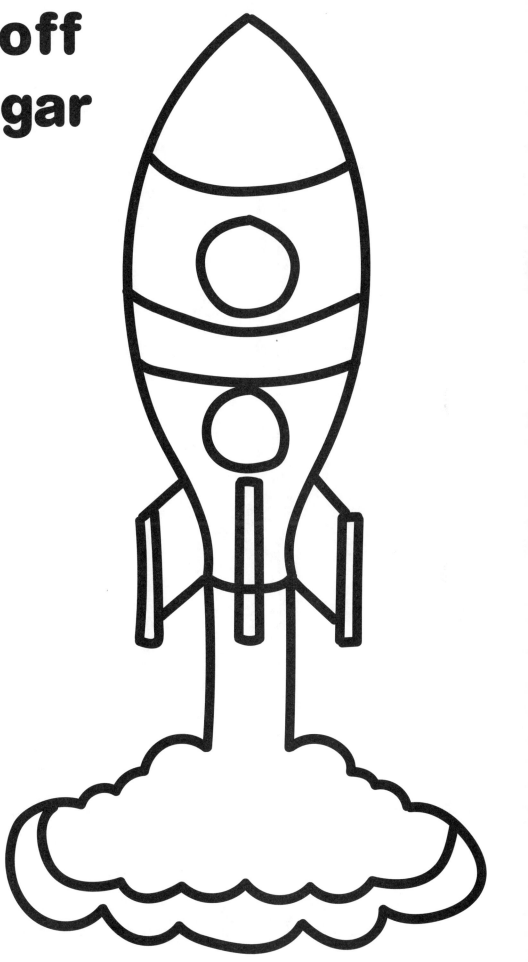

astronaut

l astronaut

astronaut
el astronauta

comet
el cometa

**rocket
el cohete**

teacher
la profesora
el profesor

ambulance
la ambulancia

boot
la bota

bulldozer
el buldócer

bus
el autobús

traffic cone
el cono de tráfico

traffic cones
los conos de tráfico

mechanic
el mecánico
la mecánica

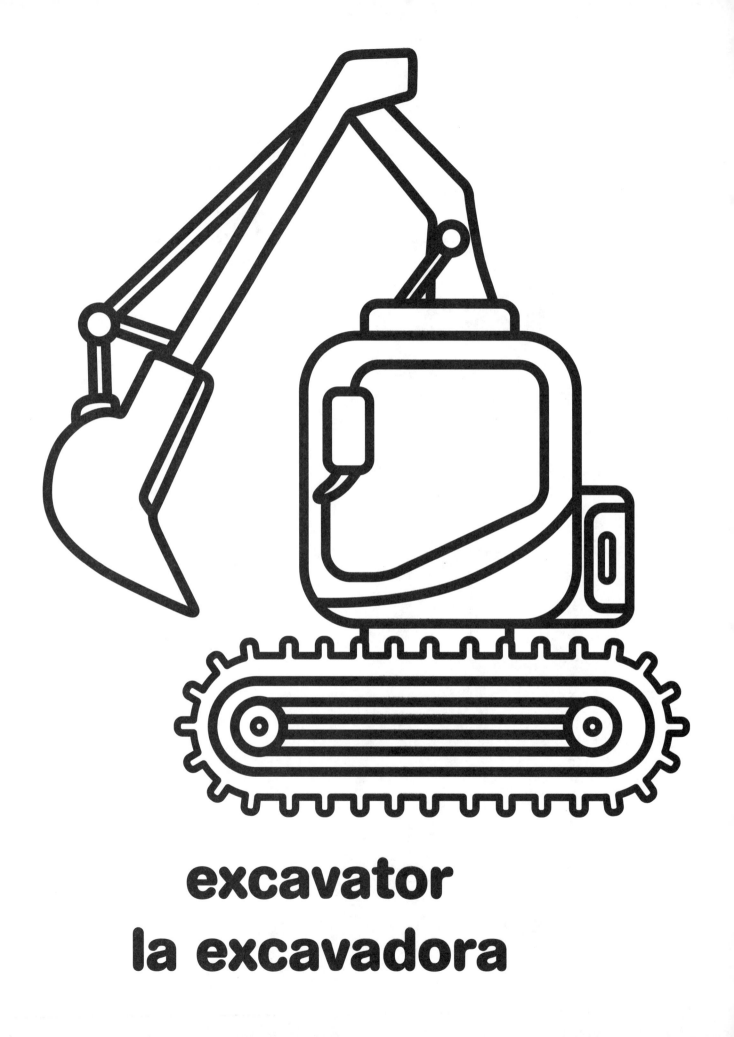

excavator
la excavadora

farmer
el granjero
la granjera

fire extinguisher
el extintor

fire hydrant
la boca de incendios

firefighter
el bombero
la bombera

flashlight
la linterna

hot dog truck
el camión de hot dogs

garbage man
el basurero
la basurera

garbage truck

el camión de basura

gas station
la gasolinera

fuel
el combustible

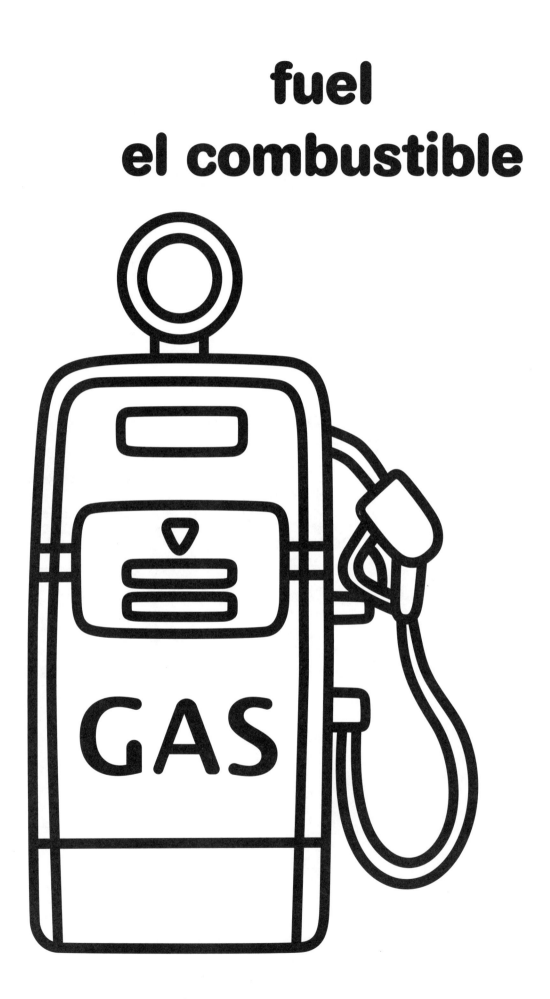

hard hat
el casco

ice-cream truck
el camión de helados

key
la llave

keys
las llaves

mailbox
el buzón

mail truck
el camión de correos

map
el mapa

passenger
el pasajero

passenger
la pasajera

pizza
la pizza

school bus

el camión de la escuela

snowplow
el quitanieves

stop sign
la señal de stop

crayons
los crayones

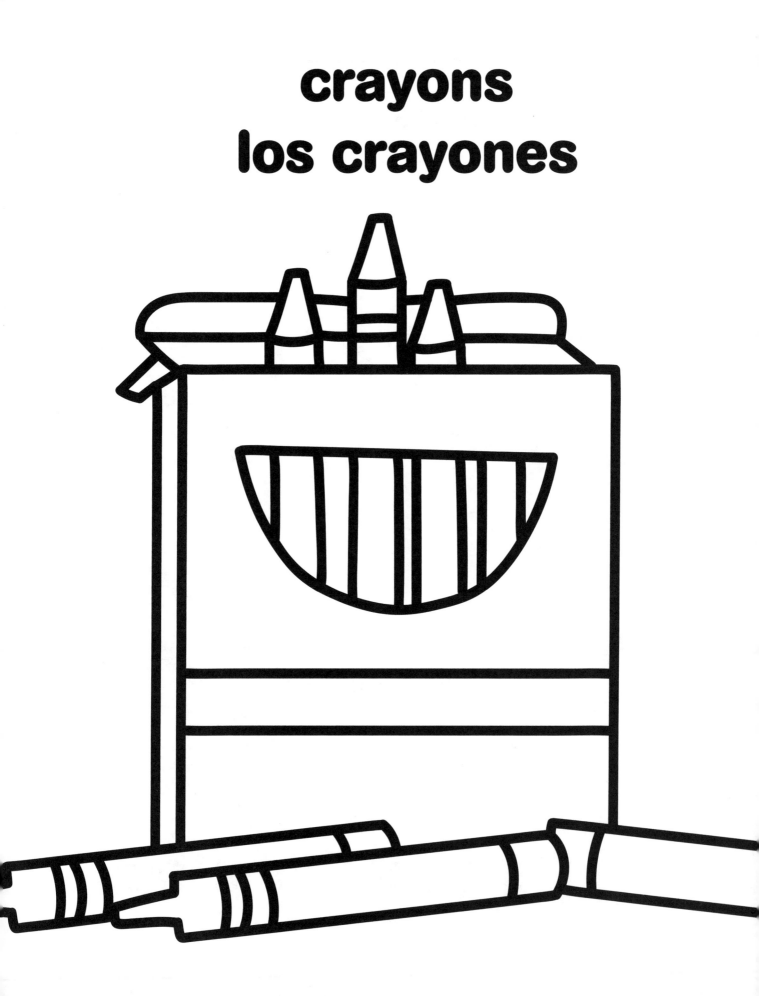

taco truck
el camión de tacos

taco
el taco

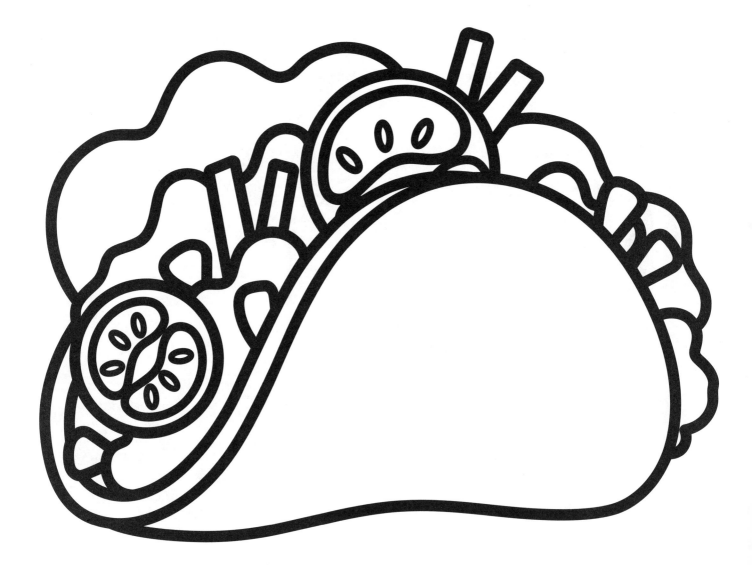

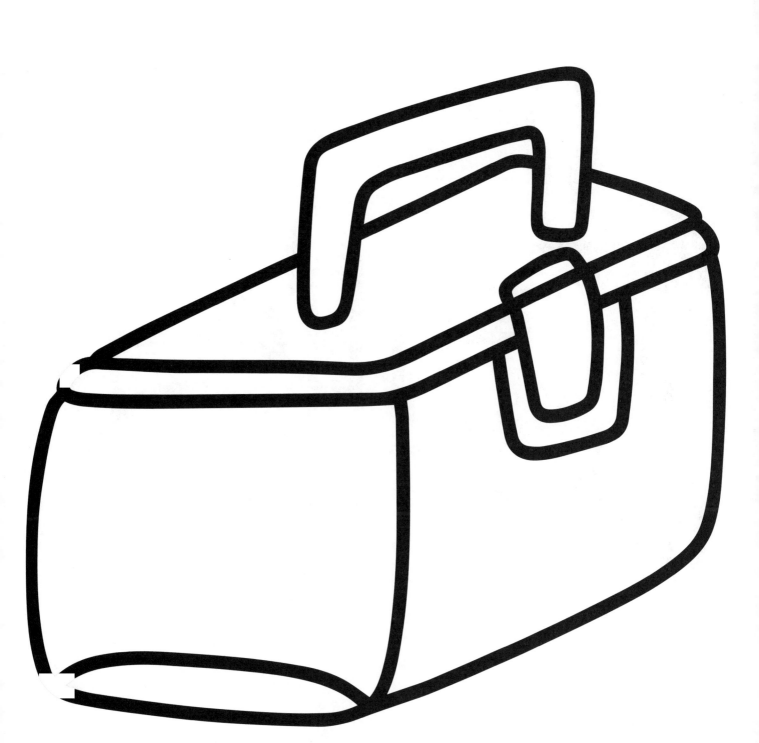

toolbox
la caja de herramientas

tractor
el tractor

traffic light
el semáforo

apple
la manzana

truck
el camión

trucks
los camiones

vest
el chaleco

tires
los neumáticos

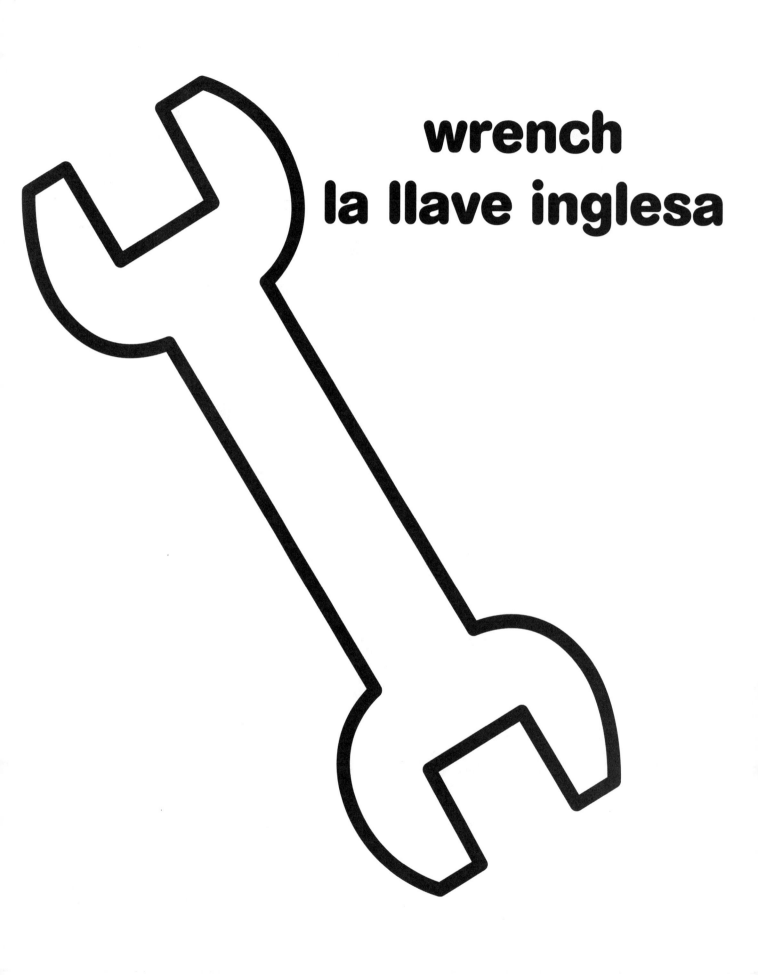

wrench
la llave inglesa

apple tree
el manzano

balloons
los globos

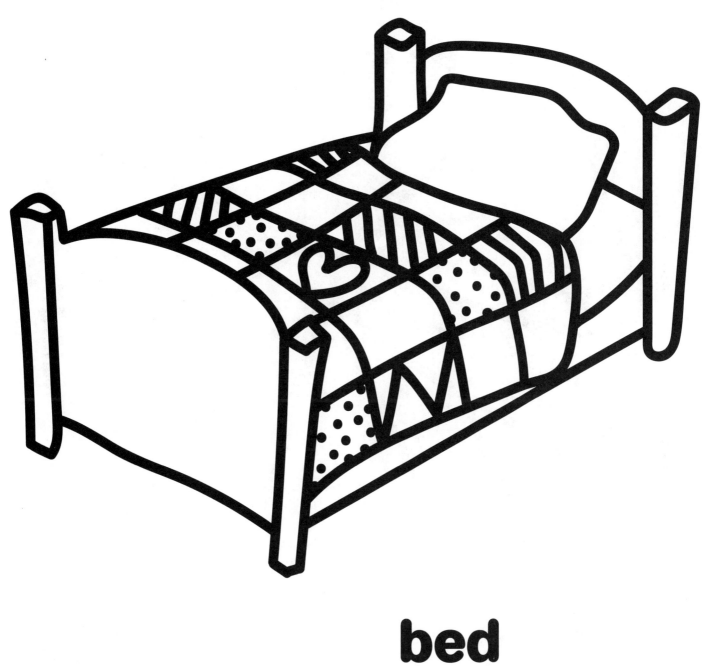

bed

la cama

bow
el lazo

butterfly

la mariposa

cake
la torta

wizard
el mago
la maga

dancer
la bailarina
el bailarín

dessert

el postre

diamond
el diamante

doughnuts
las rosquillas

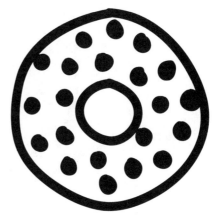
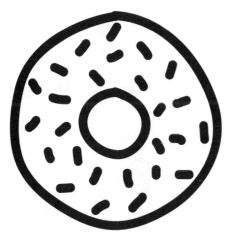

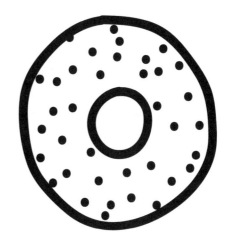

fairies
las hadas

cupcake
la pastelito

flower
la flor

flowers
las flores

gnome
el gnomo

foal
el potro

horse
el caballo

hot chocolate

el chocolate caliente

ice cream
el helado

kite
la cometa

lollipop

la paleta

hairbrush
el cepillo para el pelo

mushroom
la seta

music
la música

pirate
el/la pirata

princess
la princesa

prince
el príncipe

rocking horse
el caballo mecedor

rose
la rosa

seashells
las caracolas marinas

heel
el tacón

snow globe
la bola de nieve

stars
las estrellas

strawberries
las fresas

stuffed animal
el peluche

sun
el sol

sunflower
el girasol

treasure chest
el cofre del tesoro

trophy
el trofeo

**umbrella
el paraguas**

watermelon
la sandía

folding hand fan
el abanico

rocking chair
la mecedora

merry go round
el tiovivo

sunglasses
los lentes de sol

apron
el delantal

leaf
la hoja

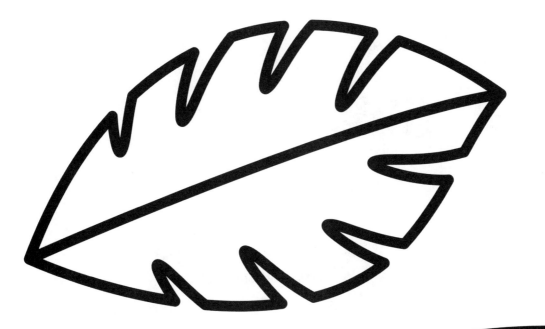

leaves
las hojas

cat
el gato

dog
el perro

mask
la máscara